Liderando con Impacto:
Los Primeros 50 Días

Por el Sr. Raúl Domínguez, MIO-PSYCH

Liderando con Impacto: Los Primeros 50 Días

Sr. Raúl Domínguez, MIO-Psych

Miami FL, EE. UU.

Para los líderes visionarios que dan forma a un mañana mejor.

Contenido

Sinopsis del libro:

En "Liderando con impacto: Los primeros 50 días", te embarcarás en un viaje transformador para convertirte en un líder influyente que impulsa un cambio significativo. Basándose en una investigación exhaustiva y experiencias de la vida real, este libro proporciona una hoja de ruta práctica para los líderes recién nombrados en sus primeros 50 días críticos.

El libro comienza haciendo hincapié en la importancia de prepararse para la transición del liderazgo. Explora cómo evaluar el panorama de la organización, elaborar una visión de liderazgo convincente y establecer relaciones cruciales con las principales partes interesadas.

La sección I se sumerge en el establecimiento de fundaciones de liderazgo, comenzando con el primer día. Desempaqueta la importancia de causar una fuerte primera impresión, establecer el tono y construir confianza y credibilidad con su equipo. El capítulo sobre liderazgo personal destaca la autoconciencia, el desarrollo de una mentalidad resiliente y el dominio de la gestión del tiempo y la priorización.

El capítulo 4 se centra en la construcción y alineación del equipo, guiando a los líderes para evaluar sus equipos existentes, desarrollar una cultura de equipo cohesiva y alinear a los miembros del equipo con la visión de liderazgo.

La sección II aborda la conducción de cambios impactantes dentro de la organización. Presenta un enfoque integral para crear una estrategia de cambio, diagnosticar la necesidad de cambio y desarrollar una hoja de ruta para el cambio. Los líderes aprenderán a comunicar de manera efectiva las iniciativas de cambio y a obtener la aceptación de sus equipos.

El capítulo 6 se centra en la ejecución del cambio mediante la movilización de la organización. Los líderes obtendrán información sobre el liderazgo del cambio y las habilidades de influencia, la superación de la resistencia y la navegación por los obstáculos, y el seguimiento efectivo del progreso y el ajuste del curso.

La sección III hace hincapié en el mantenimiento del impulso y el crecimiento. Explora liderar con inteligencia emocional, cultivar un entorno de trabajo positivo e inclusivo, y empoderar y desarrollar a los demás. Los líderes descubrirán estrategias de comunicación efectivas, técnicas para motivar e involucrar a los empleados, y la importancia de celebrar las victorias y reconocer los logros.

El capítulo 9 profundiza en los inevitables desafíos y contratiempos a los que se enfrentan los líderes, ofreciendo orientación sobre cómo lidiar con situaciones difíciles, resolver conflictos, aprender de los fracasos y desarrollar la resiliencia y la perseverancia.

En el capítulo final, el libro reflexiona sobre las lecciones aprendidas y las conclusiones clave de los primeros 50 días. También proporciona una visión del futuro, ofreciendo información sobre cómo mantener un liderazgo impactante más allá del período de transición inicial.

"Liderando con impacto: Los primeros 50 días" equipa a los líderes con las herramientas, estrategias y mentalidad necesarias para causar una impresión duradera, impulsar un cambio impactante e inspirar a los equipos a alcanzar la grandeza. Este libro empoderará a los líderes para que marquen la diferencia y dejen un legado duradero en sus organizaciones.

Capítulo 1: Preparando el escenario: Preparándose para la transición del liderazgo

¡Enhorabuena por tu nuevo papel de liderazgo! Al embarcarse en este emocionante viaje, es esencial sentar una base sólida para el éxito. Los primeros 50 días de su liderazgo son fundamentales para establecer su presencia, establecer expectativas y construir relaciones. Este capítulo lo guiará a través del proceso de preparación para una transición de liderazgo sin problemas, lo que le permitirá poner en marcha y tener un impacto duradero.

1.1 Evaluación del paisaje: Comprender la organización

Imagínate entrar en un jardín hermoso pero desconocido. Para apreciar realmente su belleza y nutrir su crecimiento, debe tomarse el tiempo para comprender sus características únicas: el suelo, el clima y las plantas existentes. Del mismo modo, antes de sumergirse en su nuevo rol, es crucial evaluar la organización en la que está entrando.

Realizar una evaluación exhaustiva de su estructura, cultura, fortalezas y áreas de mejora. Esto va más allá del conocimiento superficial que puede haber adquirido durante el proceso de contratación. Sumérgete en la declaración de misión, los valores y los objetivos estratégicos de la organización. Familiarícese con la historia de la empresa, su posición en el mercado y el panorama de la industria en el que opera.

Obtener información sobre el pasado y el presente de la organización proporcionará una comprensión completa de su identidad y trayectoria. Además, le permitirá identificar cualquier desafío potencial, oportunidad o punto ciego que pueda existir. Considere la posibilidad de realizar entrevistas o participar en conversaciones con las principales partes interesadas, como ejecutivos, jefes de departamento y empleados a largo plazo. Sus perspectivas ofrecerán información valiosa sobre las fortalezas, los desafíos y las oportunidades de la organización.

Tómese el tiempo para revisar los informes financieros, los análisis de mercado y cualquier métrica de rendimiento disponible. Estos documentos proporcionarán datos cuantitativos que complementan la comprensión cualitativa que ha reunido. Al combinar estas diversas fuentes de información, desarrollará una visión completa del estado actual de la organización.

A través de esta evaluación, identificará la cultura única de la organización, la dinámica entre departamentos y equipos, y cualquier brecha potencial que deba abordarse. Este conocimiento servirá como una base sólida a medida que navegue por la dinámica de la organización e implemente estrategias de liderazgo efectivas.

1.2 Elaboración de su visión de liderazgo: definición del propósito y los objetivos

Un barco sin destino está destinado a desplazarse sin rumbo. Como líder, es crucial tener una visión clara que inspire y guíe a su equipo. Tómese el tiempo para reflexionar sobre sus valores, fortalezas y aspiraciones. ¿Qué quieres lograr como líder? ¿Qué impacto quieres tener en la organización y sus partes interesadas?

Elaborar su visión de liderazgo implica definir el propósito de su liderazgo y establecer metas que se alineen con la misión y los objetivos estratégicos de la organización. Su visión debe ser inspiradora y con visión de futuro, motivando a su equipo a luchar por la excelencia.

Piensa en tu visión como la Estrella del Norte, guiando tus acciones y decisiones. Debe ser ambicioso pero alcanzable, proporcionando un sentido de dirección y propósito. Considere la posibilidad de involucrar a las partes interesadas clave y buscar su opinión al elaborar su visión. Este enfoque colaborativo fomenta un sentido de propiedad y compromiso por parte del equipo, asegurando que la visión esté alineada con sus aspiraciones y los objetivos generales de la organización.

Recuerde, una visión no es simplemente un conjunto de palabras en el papel, sino que debe ser vivida y respirada por usted y su equipo. Como líder, es su responsabilidad inspirar a otros a adoptar la visión y trabajar activamente para su realización.

1.3 Construyendo relaciones: Compromiso con las principales partes interesadas

El liderazgo no es un viaje solitario, es un esfuerzo de colaboración. El liderazgo efectivo se basa en relaciones sólidas con las principales partes interesadas. Estas partes interesadas incluyen individuos y grupos que tienen un interés personal en el éxito de la organización, como ejecutivos, jefes de departamento, empleados, clientes y socios.

Invierta tiempo en conocer a estas partes interesadas y comprender sus funciones, expectativas y preocupaciones. Programe reuniones individuales o conversaciones informales para establecer una relación y establecer líneas de comunicación abiertas. Esto le ayudará a obtener información sobre la dinámica de la organización, identificar aliados potenciales y comprender las perspectivas de varias partes interesadas.

Construir relaciones también implica escuchar activamente y demostrar empatía. Mostrar un interés genuino en las opiniones y experiencias de los demás, fomentando un entorno de confianza y colaboración. Al interactuar activamente con las partes interesadas clave, creas una red de apoyo y aprovechas la sabiduría y la experiencia colectivas dentro de la organización.

Además de las partes interesadas internas, considere ponerse en contacto con las partes interesadas externas, como los líderes de la industria, los socios y los miembros de la comunidad. Esto amplía su perspectiva y le permite construir conexiones valiosas más allá de los límites de la organización. Estas relaciones externas pueden proporcionar información, recursos y oportunidades que pueden contribuir a su éxito como líder.

Recuerda que las relaciones no se construyen de la noche a la mañana. Construir confianza y establecer conexiones significativas requiere tiempo y esfuerzo. Sé paciente, proactivo y auténtico en tus interacciones. Al invertir en la construcción de relaciones sólidas, creas un sistema de apoyo sólido y fomentas una cultura de colaboración dentro de la organización.

Al evaluar de forma proactiva el panorama, elaborar su visión de liderazgo y construir relaciones, establecerá una base sólida para su transición de liderazgo. Estos pasos iniciales le proporcionarán el conocimiento, la claridad y el apoyo necesarios para hacer una entrada poderosa en su nuevo rol.

A medida que avance, el capítulo 2 explorará la importancia de causar una fuerte primera impresión y establecer el tono de su viaje de liderazgo. Prepárate para dejar tu huella en las primeras 24 horas como líder y dejar una impresión duradera en tu equipo y en la organización.

Capítulo 2: Primer día: Causando una fuerte primera impresión

2.1 El poder de las primeras impresiones

Dicen que solo tienes una oportunidad de causar una primera impresión, y como líder, esa oportunidad se amplifica. El primer día de tu nuevo puesto marca el tono de todo tu viaje de liderazgo. Es una oportunidad para tener un impacto duradero y establecerse como un líder seguro y capaz. Comprenda que sus acciones, palabras y comportamiento durante este período crucial serán observados de cerca por su equipo y las partes interesadas. No se puede subestimar el poder de una primera impresión positiva.

Piensa en la última vez que conociste a alguien nuevo. ¿Cuáles fueron tus impresiones iniciales? La forma en que te comportas, la forma en que hablas y la forma en que te relacionas con los demás contribuyen a la percepción que la gente tiene sobre ti. Esto es igualmente cierto en un papel de liderazgo. Los miembros de tu equipo te buscarán orientación, inspiración y tranquilidad. Al causar una primera impresión positiva, preparas el escenario para construir confianza, credibilidad y una base sólida para tu liderazgo.

2.2 Establecer el tono: comunicar las expectativas

En su primer día, es importante comunicar sus expectativas con claridad. Su equipo está ansioso por entender cómo su liderazgo dará forma a su trabajo y a la organización en su conjunto. Tómese el tiempo para articular sus expectativas con respecto al rendimiento, la colaboración y los valores. Establezca el tono para una cultura de excelencia, rendición de cuentas y comunicación abierta. Al expresar claramente sus expectativas, usted proporciona un marco para que su equipo entienda lo que se requiere de ellos y cómo sus esfuerzos contribuyen al éxito de la organización.

Considere el ejemplo de un CEO recién nombrado que ingresa a una empresa conocida por su cultura innovadora. En su primer día, reúnen a toda la organización para una reunión del ayuntamiento. En esta reunión, hacen hincapié en su compromiso de fomentar la creatividad y animar a los empleados a pensar fuera de la caja. Al comunicar claramente esta expectativa desde el primer día, el CEO establece el tono de una cultura que valora y recompensa el pensamiento innovador. Esto inspira a los empleados a presentar sus mejores ideas y contribuir al crecimiento y éxito de la organización.

Además de comunicar las expectativas verbalmente, es crucial liderar con el ejemplo. Tus acciones hablan más que las palabras. Demuestre el comportamiento y la mentalidad que espera de su equipo. Si valoras la transparencia y la comunicación abierta, modela estos comportamientos buscando activamente información, compartiendo información y proporcionando retroalimentación regular. Al establecer el tono a través de tus propias acciones, creas una sensación de alineación e inspiras a tu equipo a seguir su ejemplo.

2.3 Crear confianza y credibilidad

La confianza es la piedra angular de un liderazgo eficaz. Durante sus primeros 50 días, concéntrese en generar confianza y credibilidad con su equipo. Sé auténtico y accesible, demostrando tu voluntad de escuchar y aprender. Actúa con integridad y cumple con tus compromisos. La confianza se gana a través de acciones consistentes y una comunicación transparente.

Considere el escenario de un gerente entrando en un equipo que ha experimentado una alta tasa de rotación y una baja moral. Para generar confianza, el gerente se toma el tiempo para reunirse con cada miembro del equipo individualmente, escuchando activamente sus preocupaciones y desafíos. Abordan estas preocupaciones de manera abierta y honesta, exponiendo sus planes para apoyar al equipo y crear un ambiente de trabajo positivo. Al ser auténtico y receptivo, el gerente comienza a reconstruir la confianza, mostrando al equipo que está comprometido con su éxito y bienestar.

Invierta tiempo en conocer a los miembros de su equipo individualmente, sus fortalezas y sus desafíos. Muestra empatía y ofrece apoyo cuando sea necesario. Al construir conexiones genuinas y demostrar su interés genuino en su bienestar y éxito, establecerá una cultura de confianza y creará una base sólida para la colaboración.

Recuerde que las primeras 24 horas como líder son una ventana de oportunidad crítica. Al causar una fuerte primera impresión, establecer expectativas claras y generar confianza, usted establece las bases para un viaje de liderazgo exitoso.

A medida que avance, el capítulo 3 se centrará en liderarse a sí mismo, destacando la importancia de la autoconciencia, el desarrollo de una mentalidad de liderazgo y la gestión efectiva del tiempo en los primeros 50 días de su papel de liderazgo. Prepárate para liberar todo tu potencial y liderar con impacto desde dentro.

Capítulo 3: Liderando a sí mismo: Liderazgo personal en los primeros 50 días

El liderazgo comienza con el autoliderazgo. Para liderar eficazmente a los demás, es esencial entenderse primero y liderarse a sí mismo. El capítulo 3 explorará los aspectos cruciales del liderazgo personal durante los primeros 50 días de su función de liderazgo. Al centrarse en la autoconciencia, desarrollar una mentalidad de liderazgo y dominar la gestión del tiempo, mejorará su eficacia como líder y preparará las bases para el éxito a largo plazo.

3.1 Autoconciencia: Comprender las fortalezas y debilidades

La autoconciencia es la base del liderazgo personal. Implica tener una comprensión profunda de sus fortalezas, debilidades, valores y aspiraciones. Los primeros 50 días brindan una valiosa oportunidad para reflexionar sobre sus propias capacidades y áreas de crecimiento.

Tómese el tiempo para evaluar su estilo de liderazgo y sus preferencias. Considere la posibilidad de buscar comentarios de mentores de confianza, colegas o incluso miembros de su equipo. Estos comentarios pueden proporcionar información valiosa sobre sus fortalezas de liderazgo y las áreas en las que puede necesitar desarrollarse más. Acepta la crítica constructiva y úsala como catalizador para el crecimiento personal.

Al comprender tus fortalezas, puedes aprovecharlas para inspirar y motivar a los demás. Por ejemplo, si sobresale en el pensamiento estratégico, puede usar esta fuerza para guiar a su equipo en el establecimiento y el logro de objetivos a largo plazo. Por otro lado, identificar sus debilidades le permite abordarlas de forma proactiva. Busque oportunidades de aprendizaje y desarrollo en áreas en las que pueda necesitar mejoras, ya sea comunicación, toma de decisiones o inteligencia emocional.

La autoconciencia también se extiende a reconocer sus valores y alinearlos con su enfoque de liderazgo. Reflexiona sobre lo que es realmente importante para ti como líder. ¿Es integridad, empatía o innovación? Al liderar en alineación con tus valores, creas un sentido de autenticidad y construyes confianza con tu equipo.

3.2 Desarrollar la mentalidad de liderazgo y la resiliencia

Una mentalidad de liderazgo es la lente a través de la cual percibes y respondes a los desafíos y oportunidades. Da forma a tus creencias, actitudes y comportamientos como líder. Cultivar una mentalidad de crecimiento es esencial para navegar por las complejidades del liderazgo.

Acepta la creencia de que los desafíos son oportunidades de crecimiento y aprendizaje. Hacer hincapié en un enfoque orientado a las soluciones, centrado en encontrar formas creativas e innovadoras de superar los obstáculos. Desarrolle una mentalidad que dé la bienvenida a la retroalimentación y vea el fracaso como un paso hacia la mejora.

La resiliencia es un atributo clave de los líderes eficaces. La capacidad de recuperarse de los contratiempos, adaptarse al cambio y mantener una actitud positiva frente a la adversidad es crucial. Durante los primeros 50 días, puede encontrar desafíos inesperados o resistencia al cambio. Es importante mantenerse resistente e inspirar a su equipo a hacer lo mismo.

Para desarrollar la resiliencia, participe en prácticas de autocuidado que fomenten su bienestar físico, mental y emocional. Esto incluye ejercicio, meditación, establecimiento de límites y búsqueda de apoyo de mentores o entrenadores. Prioriza el autocuidado para mantener tu energía, concentración y bienestar general como líder.

3.3 Gestión del tiempo y priorización

Como líder, tu tiempo es un recurso valioso. Gestionar eficazmente su tiempo es esencial para lograr sus objetivos, impulsar las iniciativas y asegurarse de que esté disponible para su equipo cuando lo necesiten.

Comience evaluando sus prácticas actuales de gestión del tiempo. Identifique cualquier ineficiencia o tarea que requiera mucho tiempo que pueda delegarse o eliminarse. Prioriza tus responsabilidades en función de su importancia y urgencia. Desarrolle una comprensión clara de sus objetivos más críticos y asigne su tiempo en consecuencia.

Considere la implementación de técnicas de gestión del tiempo, como priorizar las tareas utilizando la Matriz Eisenhower, establecer límites claros y bloques de tiempo para un trabajo enfocado, y aprovechar las herramientas tecnológicas para una programación y gestión de tareas eficientes.

Delegue tareas que puedan ser manejadas de manera efectiva por otros, empoderando a los miembros de su equipo y liberando su tiempo para actividades estratégicas de alto nivel. La delegación efectiva no solo le permite gestionar su carga de trabajo, sino que también fomenta el crecimiento y el desarrollo dentro de su equipo.

Recuerde, la gestión eficaz del tiempo no se trata solo de estar ocupado, sino de ser productivo. Al dominar la gestión del tiempo y la priorización, puede maximizar su impacto como líder y crear una cultura de productividad dentro de su equipo.

Guiarte a ti mismo es el primer paso para liderar a los demás con impacto. Al cultivar la autoconciencia, desarrollar una mentalidad de liderazgo y dominar la gestión del tiempo, estableces las bases para un liderazgo efectivo en los primeros 50 días y más allá. A medida que te embarcas en este viaje de autoliderazgo, no solo mejorarás tus propias capacidades, sino que también inspirarás y empoderarás a quienes te rodean. En el capítulo 4, profundizaremos en la construcción y alineación del equipo, explorando estrategias para evaluar el equipo existente, fomentando una cultura de equipo cohesiva y alineando el equipo con su visión de liderazgo. Prepárate para liberar el potencial colectivo de tu equipo e impulsar resultados impactantes.

Aquí hay algunos ejemplos para apoyar las teorías discutidas en el capítulo 3:

Autoconciencia: Comprender las fortalezas y debilidades

Ejemplo 1: Sarah, una gerente recién nombrada, descubre a través de la autorreflexión y la retroalimentación de su equipo que sobresale en el pensamiento estratégico y la resolución de problemas. Reconociendo esta fortaleza, la aprovecha involucrando a su equipo en procesos de toma de decisiones colaborativas, animándolos a contribuir con sus ideas y perspectivas. Esto no solo empodera a los miembros de su equipo, sino que también conduce a soluciones innovadoras y a un mayor compromiso.

Ejemplo 2: John, un líder en una startup de ritmo rápido, identifica a través de la autoconciencia que sus habilidades de comunicación necesitan mejorar. Toma medidas proactivas para abordar esta debilidad asistiendo a talleres de comunicación, buscando orientación de mentores y practicando la escucha activa. Como resultado, su equipo experimenta una comunicación más clara, una mejor alineación y una mejor colaboración.

Desarrollar la mentalidad de liderazgo y la resiliencia

Ejemplo 1: Lisa, una CEO que se enfrenta a una gran disrupción de la industria, adopta una mentalidad de crecimiento y anima a su equipo a hacer lo mismo. En lugar de ver la interrupción como una amenaza, la ven como una oportunidad para la innovación y el crecimiento. Experimentan con nuevos modelos de negocio, giran sus estrategias y se adaptan al panorama cambiante. A través de su mentalidad de resiliencia y crecimiento, navegan por los desafíos y emergen más fuertes, manteniendo su posición en el mercado y expandiendo su base de clientes.

Ejemplo 2: Mark, un líder de equipo, se enfrenta a un revés cuando un proyecto importante no cumple con sus objetivos. En lugar de pensar en el fracaso, adopta una mentalidad positiva y anima a su equipo a centrarse en las lecciones aprendidas. Llevan a cabo un análisis exhaustivo del proyecto, identifican áreas de mejora e implementan cambios en su enfoque. Al adoptar una mentalidad resiliente, Mark y su equipo se recuperan, entregando proyectos exitosos en el futuro y fomentando una cultura de aprendizaje continuo.

Gestión del tiempo y priorización

Ejemplo 1: Emily, una gerente sénior, se da cuenta de que a menudo se siente abrumada por las tareas administrativas y le resulta difícil centrarse en las iniciativas estratégicas. Para abordar esto, delega las tareas administrativas de rutina a los miembros de su equipo, empoderándolos para que se hagan cargo y liberando su tiempo para la toma de decisiones de alto nivel y la planificación estratégica. Este cambio le permite a Emily asignar su tiempo de manera más efectiva e impulsar resultados impactantes para la organización.

Ejemplo 2: Alex, un gerente de proyecto, utiliza técnicas de gestión del tiempo para priorizar las tareas y cumplir con los plazos del proyecto. Aplica la matriz de Eisenhower para categorizar las tareas en función de su urgencia e importancia. Al centrarse en las tareas de alta prioridad y delegar o eliminar las no esenciales, Alex se asegura de que su equipo se mantenga enfocado en los entregables críticos del proyecto, lo que resulta en la finalización exitosa del proyecto dentro del plazo dado.

Estos ejemplos demuestran cómo la autoconciencia, la mentalidad de liderazgo y la gestión efectiva del tiempo pueden tener un impacto positivo en los líderes y sus equipos, lo que conduce a un mejor rendimiento, crecimiento y resiliencia frente a los desafíos.

Capítulo 4: Construir y alinear el equipo

Liderar un equipo de alto rendimiento es esencial para lograr los objetivos de la organización e impulsar resultados impactantes. En el capítulo 4, exploraremos los aspectos críticos de la construcción y alineación del equipo durante los primeros 50 días de su función de liderazgo. Al evaluar el equipo existente, desarrollar una cultura de equipo cohesiva y alinear el equipo con su visión de liderazgo, creará una base sólida y unificada para el éxito.

4.1 Evaluación del equipo existente

Antes de hacer cualquier cambio o implementar nuevas estrategias, es crucial evaluar las fortalezas, debilidades y dinámica del equipo existente. Tómese el tiempo para entender la composición del equipo, sus habilidades y experiencia individuales, y cómo trabajan juntos.

Llevar a cabo reuniones individuales con los miembros del equipo para obtener información sobre sus aspiraciones, desafíos y áreas en las que sienten que pueden contribuir más. Este diálogo abierto y honesto le permite identificar oportunidades de crecimiento, abordar cualquier problema subyacente y alinear los objetivos individuales con los objetivos generales del equipo.

Considere el uso de herramientas de evaluación, como evaluaciones de personalidad o comentarios de 360 grados, para recopilar información adicional sobre la dinámica y las áreas de desarrollo del equipo. Estos datos proporcionan información valiosa sobre las fortalezas individuales, las áreas de mejora y las posibles brechas de habilidades que deben abordarse.

Ejemplo:

Durante sus primeros 50 días como líder de equipo, Alex lleva a cabo reuniones individuales con cada miembro del equipo para evaluar sus habilidades, fortalezas y áreas de desarrollo. A través de estas conversaciones, descubre que Sarah, un miembro del equipo, posee excelentes habilidades analíticas que han sido infrautilizadas. Alex aprovecha esta oportunidad para asignar a Sarah a un proyecto desafiante que se alinea con sus habilidades, proporcionándole la oportunidad de brillar y contribuir significativamente al éxito del equipo. Al evaluar el equipo existente, Alex es capaz de aprovechar sus talentos de manera efectiva, lo que lleva a un aumento de la motivación y la productividad.

4.2 Desarrollar una cultura de equipo cohesiva

Una cultura de equipo cohesiona se basa en la confianza, la colaboración y los valores compartidos. Como líder, es su responsabilidad fomentar un entorno en el que los miembros del equipo se sientan seguros para expresar sus opiniones, apoyarse mutuamente y trabajar hacia objetivos comunes.

Comunicar el propósito del equipo y alinearlo con la misión y la visión de la organización. Expresar claramente los valores y expectativas que definen la cultura del equipo. Fomentar la comunicación abierta y transparente, la escucha activa y la retroalimentación constructiva entre los miembros del equipo.

Promover una sensación de seguridad psicológica, donde los miembros del equipo se sientan cómodos asumiendo riesgos, compartiendo ideas y aprendiendo de los fracasos. Celebre la diversidad y fomente las prácticas inclusivas, asegurando que cada miembro del equipo se sienta valorado y respetado por sus contribuciones únicas.

Ejemplo:

Natalie, una líder de equipo recién nombrada, reconoce la importancia de desarrollar una cultura de equipo cohesiva. Ella organiza actividades de creación de equipos, como retiros fuera del sitio y almuerzos de equipo, para fomentar la camaradería y generar confianza entre los miembros del equipo. Además, crea una carta de equipo compartida que describe los valores, expectativas y compromisos del equipo. Al promover una cultura de colaboración e inclusión, Natalie crea un entorno de apoyo donde los miembros del equipo se sienten empoderados para compartir sus ideas y contribuir al éxito del equipo.

4.3 Alinear el equipo con la visión de liderazgo

Para lograr resultados impactantes, es esencial alinear las metas y objetivos del equipo con su visión de liderazgo. Comunica claramente tu visión al equipo, destacando cómo sus contribuciones individuales encajan en el panorama general. Ayude a los miembros del equipo a comprender cómo su trabajo afecta directamente a la misión de la organización y al valor que aportan a la mesa.

Proporcione un sentido de dirección estableciendo objetivos claros, tanto a corto como a largo plazo, que se alineen con la visión. Desglosa estos objetivos en pasos procesables e involucra al equipo en el proceso de establecimiento de objetivos. Esto fomenta un sentido de propiedad y compromiso entre los miembros del equipo, motivándolos a luchar por la excelencia.

Ejemplo:

Daniel, líder en una empresa de tecnología, comparte con su equipo su visión de convertirse en un líder del mercado en soluciones innovadoras. Lleva a cabo reuniones periódicas del equipo para discutir el progreso hacia esta visión, comparte historias de éxito y reconoce las contribuciones individuales.

Daniel establece objetivos SMART con su equipo, asegurándose de que sean específicos, medibles, alcanzables, relevantes y con plazos. Al alinear los objetivos del equipo con su visión de liderazgo, Daniel crea un sentido de propósito y motivación, impulsando al equipo hacia el logro de sus objetivos colectivos.

Construir y alinear el equipo es un aspecto crítico del liderazgo en los primeros 50 días y más allá. Al evaluar el equipo existente, desarrollar una cultura de equipo cohesiva y alinear el equipo con su visión de liderazgo, crea una base sólida para la colaboración, la innovación y el éxito. En el capítulo 5, exploraremos estrategias para crear una estrategia de cambio, diagnosticar la necesidad de cambio y obtener la aceptación de las iniciativas de cambio. Prepárate para impulsar un cambio impactante e impulsar a tu equipo hacia mayores logros.

Capítulo 5: Creación de una estrategia de cambio

En el panorama empresarial dinámico y competitivo de hoy en día, el cambio no solo es necesario, sino inevitable para que las organizaciones prosperen. En el capítulo 5, profundizaremos en las complejidades de crear una estrategia de cambio durante los primeros 50 días de su función de liderazgo. Al diagnosticar la necesidad de cambio, desarrollar una hoja de ruta de cambio integral y comunicarse de manera efectiva y obtener la aceptación de las iniciativas de cambio, allanará el camino para una transformación exitosa e impactante.

5.1 Diagnosticar la necesidad de un cambio

El diagnóstico de la necesidad de cambio es el primer paso crucial para crear una estrategia de cambio. Implica comprender el estado actual de la organización, identificar las áreas que requieren mejora o adaptación, y descubrir los factores subyacentes que impulsan la necesidad de cambio.

Un enfoque eficaz para diagnosticar la necesidad de un cambio es realizar un análisis DAFO (Futalezas, Debilidades, Oportunidades y Amenazas). Este análisis le permite evaluar las fortalezas y debilidades internas de la organización, así como las oportunidades y amenazas externas a las que se enfrenta. Al identificar estos factores, obtiene información sobre las áreas que requieren transformación y posibles vías de crecimiento.

Otra herramienta de diagnóstico útil es el Modelo de Cambio de 8 Pasos de Kotter, que enfatiza la importancia de la urgencia, la creación de una coalición guía y el desarrollo de una visión compartida para el cambio. Al aplicar este modelo, puede identificar áreas dentro de la organización donde el cambio es más necesario y desarrollar una base sólida para su estrategia de cambio.

Ejemplo:

Rebecca, una directora de recursos humanos recién nombrada, diagnostica la necesidad de cambio dentro de su organización a través de una combinación de enfoques. Lleva a cabo encuestas a los empleados y grupos de discusión para recopilar comentarios sobre los puntos de dolor y las áreas de mejora. Los comentarios ponen de relieve la falta de compromiso de los empleados, los sistemas de gestión del rendimiento obsoletos y la necesidad de una mejor iniciativa de equilibrio entre el trabajo y la vida privada. Al diagnosticar estas necesidades, Rebecca se da cuenta de la importancia de implementar un programa integral de participación de los empleados, actualizar las prácticas de gestión del rendimiento e introducir arreglos de trabajo flexibles para mejorar la productividad y la satisfacción de los empleados.

5.2 Desarrollo de una hoja de ruta de cambio

Una vez que haya diagnosticado la necesidad de un cambio, el siguiente paso es desarrollar una hoja de ruta de cambio bien definida que describa los pasos, recursos y plazos específicos necesarios para lograr los resultados deseados. Una hoja de ruta de cambio proporciona una dirección clara para la organización y ayuda a gestionar las expectativas durante todo el proceso de cambio.

Comience por establecer objetivos SMART (específicos, medibles, alcanzables, relevantes y con plazos) que se alineen con la visión y los objetivos generales de la organización. Desglosa estos objetivos en hitos o iniciativas más pequeños que sean más manejables y procesables. Esto le permite hacer un seguimiento del progreso, celebrar los logros y hacer los ajustes necesarios a lo largo del camino.

Asignar recursos estratégicamente, incluidos el presupuesto, el personal y la tecnología, para apoyar las iniciativas de cambio descritas en la hoja de ruta. Identificar cualquier riesgo o barrera potencial que pueda impedir el éxito de los esfuerzos de cambio y desarrollar planes de contingencia para mitigar estos riesgos.

Ejemplo:

Mark, un gerente sénior de operaciones, desarrolla una hoja de ruta de cambios para abordar la disminución de la eficiencia operativa dentro de su departamento. Su hoja de ruta de cambios incluye el objetivo de reducir el tiempo de respuesta en un 20 % en seis meses. Para lograr este objetivo, Mark identifica iniciativas como la optimización de procesos, los programas de formación de empleados y la implementación de nuevas tecnologías. Al dividir la hoja de ruta en iniciativas específicas con plazos claros y asignaciones de recursos, Mark garantiza un enfoque estructurado y centrado para lograr los resultados deseados.

5.3 Comunicar y obtener la aceptación de las iniciativas de cambio

La comunicación efectiva y la aceptación de las partes interesadas son elementos cruciales para una gestión exitosa del cambio. Involucrar e involucrar a las partes interesadas clave, incluidos los empleados, los líderes de alto nivel y los socios externos, garantiza su comprensión, compromiso y apoyo para las iniciativas de cambio.

Desarrollar un plan de comunicación integral que describa los mensajes clave, los canales y la frecuencia de la comunicación. Adapte sus mensajes para que resuenen con diferentes grupos de partes interesadas y aborden sus preocupaciones o expectativas específicas. La transparencia es clave durante esta etapa, ya que genera confianza y cultiva un sentido de propósito compartido.

Crear oportunidades de diálogo y retroalimentación para fomentar la comunicación bidireccional. Esto permite a las partes interesadas expresar sus pensamientos, preocupaciones e ideas, a la vez que le proporciona información y perspectivas valiosas. Abordar cualquier resistencia o idea errónea con prontitud, y proporcionar claridad sobre las funciones y responsabilidades de las partes interesadas durante el proceso de cambio.

Ejemplo:

Emily, una líder de cambio, emprende una sólida estrategia de comunicación para obtener la aceptación de una iniciativa de transformación digital dentro de su organización. Lleva a cabo reuniones públicas, talleres departamentales y sesiones individuales para comunicar la visión y la lógica detrás del cambio. Emily también aprovecha varios canales de comunicación, como portales de intranet, boletines informativos y plataformas de redes sociales, para proporcionar actualizaciones periódicas e historias de éxito relacionadas con la transformación en curso. Al involucrar a las partes interesadas a través de múltiples canales y facilitar la comunicación abierta, Emily fomenta una cultura de colaboración y apoyo a la iniciativa de cambio.

Crear una estrategia de cambio es un paso crítico para liderar un cambio impactante dentro de su organización. Al diagnosticar la necesidad de cambio, desarrollar una hoja de ruta de cambio integral y comunicarse de manera efectiva y obtener la aceptación de las iniciativas de cambio, usted establece una base sólida para una transformación exitosa. En el capítulo 6, profundizaremos en la ejecución del cambio, centrándonos en movilizar a la organización, superar la resistencia y hacer un seguimiento del progreso. Prepárese para impulsar e implementar iniciativas de cambio de impacto que impulsarán a su organización hacia un mayor éxito.

Capítulo 6: Ejecución del cambio: Movilización de la organización

Ahora que ha desarrollado una estrategia de cambio sólida, es hora de cambiar su enfoque para ejecutar el cambio y movilizar a su organización. El capítulo 6 explorará los aspectos clave de liderar el cambio durante los primeros 50 días de su papel de liderazgo. Profundizaremos en el liderazgo del cambio y las habilidades de influencia, superando la resistencia y navegando por los obstáculos, y haciendo un seguimiento del progreso y ajustando el rumbo a lo largo del camino. Al dominar estas estrategias, impulsará y ejecutará de manera efectiva iniciativas de cambio impactantes que impulsen a su organización hacia adelante.

6.1 Cambiar el liderazgo e influir en las habilidades

El liderazgo de cambio requiere un conjunto único de habilidades para inspirar y guiar a su equipo a través del proceso de transformación. Los líderes de cambio efectivos entienden la importancia de la comunicación, la empatía y la influencia para obtener el apoyo y la aceptación de las partes interesadas en todos los niveles de la organización.

El desarrollo de fuertes habilidades de influencia le permite articular los beneficios del cambio, abordar las preocupaciones y motivar a otros a adoptar nuevas formas de trabajo. Esto implica elaborar mensajes persuasivos, construir relaciones basadas en la confianza y la credibilidad, y adaptar su estilo de comunicación para que resuene con diferentes individuos y grupos.

Como líder de cambio, es esencial comunicar claramente la visión y el propósito del cambio. Al pintar una imagen convincente del estado futuro y resaltar los beneficios que aporta, puede encender el entusiasmo y obtener el apoyo de su equipo y otras partes interesadas. Utilice técnicas de narración, imágenes y ejemplos de la vida real para hacer que la visión sea identificable e inspiradora.

Construir relaciones sólidas basadas en la confianza y la credibilidad es otro aspecto crucial del liderazgo del cambio. Tómese el tiempo para conectarse con las personas, escuchar sus preocupaciones y comprender sus perspectivas. Al demostrar empatía e interés genuino en su bienestar, se crea un entorno de apoyo en el que las personas están más dispuestas a aceptar el cambio.

Ejemplo:

Sarah, una líder de cambio en una empresa de fabricación, demuestra un excelente liderazgo de cambio y habilidades de influencia durante una importante iniciativa de mejora de procesos. Celebra reuniones periódicas con las principales partes interesadas, incluidos los gerentes de producción y los empleados de primera línea, para explicar los beneficios de los cambios propuestos y abordar sus preocupaciones. Sarah escucha activamente sus comentarios, incorpora sus ideas en el plan de implementación y celebra sus contribuciones. Al aprovechar sus habilidades de influencia, Sarah obtiene el apoyo y el compromiso de todo el equipo, lo que resulta en una implementación exitosa del nuevo proceso.

6.2 Superar la resistencia y navegar por los obstáculos

La resistencia al cambio es un desafío común al que se enfrentan los líderes durante la fase de ejecución. Superar la resistencia requiere un enfoque proactivo y empático para abordar las preocupaciones y temores de las personas o grupos afectados por el cambio.

Empieza por entender las razones detrás de la resistencia. ¿Es debido al miedo a lo desconocido, a la pérdida de control o a las preocupaciones sobre el impacto personal? Al identificar las causas fundamentales de la resistencia, puede adaptar sus estrategias de comunicación y gestión del cambio para abordar estas preocupaciones específicas.

Participar en un diálogo abierto y honesto, escuchar activamente las perspectivas de aquellos que se resisten al cambio y proporcionar explicaciones claras y transparentes sobre la lógica y los beneficios del cambio. Ofrezca apoyo, capacitación y recursos para ayudar a las personas a adaptarse a nuevos procesos o formas de trabajo. Crear un entorno seguro e inclusivo en el que las personas se sientan cómodas expresando sus preocupaciones y participando activamente en el proceso de cambio.

Como líder de cambio, es crucial ser resistente frente a la resistencia. Espere desafíos y contratiempos en el camino, y esté preparado para manejarlos con una mentalidad positiva. Fomentar una cultura de aprendizaje y mejora continuos, donde los errores se vean como oportunidades de crecimiento. Fomentar la experimentación y la innovación, y celebrar pequeñas victorias para generar impulso y superar la resistencia.

Ejemplo:

John, un gerente de proyecto que dirige una implementación de software, se enfrenta a la resistencia de un grupo de empleados que están preocupados por aprender nuevas tecnologías. Para superar este obstáculo, John organiza sesiones de capacitación y talleres para abordar sus preocupaciones y aumentar su confianza. También asigna campeones de cambio dentro del equipo que pueden proporcionar apoyo adicional y servir como modelos a seguir. Al abordar la resistencia de frente y proporcionar los recursos y el apoyo necesarios, John guía con éxito al equipo a través del cambio, lo que resulta en una mayor productividad y eficiencia.

6.3 Seguimiento del progreso y ajuste del curso

El cambio es un proceso dinámico que requiere una supervisión y un ajuste continuos. El seguimiento del progreso de las iniciativas de cambio le permite identificar cualquier brecha o desviación de los resultados deseados y hacer ajustes oportunos para garantizar el éxito.

Establecer indicadores clave de rendimiento (KPI) e hitos para medir el progreso de las iniciativas de cambio. Evalúe y evalúe regularmente los datos para identificar áreas de mejora o barreras potenciales. Fomente los comentarios de las partes interesadas y utilícelos para afinar sus estrategias y abordar cualquier desafío emergente.

La flexibilidad y la adaptabilidad son esenciales durante la fase de ejecución. Esté abierto a revisar sus planes, reasignar recursos o explorar enfoques alternativos si es necesario. Comunique estos ajustes claramente a las partes interesadas y asegúrese de que entiendan la razón detrás de los cambios.

Ejemplo:

Michelle, una agente de cambio que lidera una iniciativa de transformación cultural, establece indicadores clave de rendimiento específicos para hacer un seguimiento del progreso del cambio. Recopila regularmente comentarios a través de encuestas, grupos de discusión y entrevistas individuales para recopilar información de los empleados. Basándose en los datos recopilados, Michelle identifica las áreas en las que no se están logrando los resultados deseados y ajusta las estrategias de cambio en consecuencia. Ella comunica los ajustes al equipo, destacando las razones detrás de los cambios y los beneficios esperados. A través de la supervisión y el ajuste continuos, Michelle garantiza la ejecución exitosa de la transformación cultural, lo que resulta en un mejor compromiso y colaboración de los empleados.

Ejecutar el cambio y movilizar a la organización es una fase crítica en los primeros 50 días de su función de liderazgo. Al aprovechar el liderazgo del cambio e influir en las habilidades, superar la resistencia y navegar por los obstáculos, y hacer un seguimiento del progreso mientras ajusta el curso, impulsará iniciativas de cambio impactantes que impulsan a su organización hacia el éxito. En el capítulo 7, exploraremos la importancia de liderar con inteligencia emocional y cultivar un entorno de trabajo positivo e inclusivo. Prepárate para empoderar y desarrollar a los demás mientras continúas tu viaje de liderazgo impactante.

Capítulo 7: Liderando con inteligencia emocional

En el panorama empresarial complejo y rápidamente cambiante de hoy en día, los líderes eficaces deben ir más allá de las habilidades técnicas y aprovechar el poder de la inteligencia emocional para inspirar, motivar y guiar a sus equipos. El capítulo 7 profundiza en la importancia de liderar con inteligencia emocional en los primeros 50 días cruciales de su papel de liderazgo. Exploraremos los aspectos clave de cultivar la inteligencia emocional como líder, fomentar un entorno de trabajo positivo e inclusivo, y empoderar y desarrollar a los demás. Al aprovechar todo el potencial de la inteligencia emocional, crearás una organización próspera y de alto rendimiento.

7.1 Cultivar la inteligencia emocional como líder

La inteligencia emocional (EI) es la capacidad de reconocer, comprender y gestionar nuestras propias emociones, así como de percibir y navegar eficazmente las emociones de los demás. Cultivar la inteligencia emocional permite a los líderes construir relaciones más sólidas, tomar mejores decisiones y crear un entorno de trabajo positivo.

Comience por desarrollar la autoconciencia, la base de la inteligencia emocional. Tómate el tiempo para reflexionar sobre tus propias emociones, desencadenantes y patrones de comportamiento. Comprende tus fortalezas y debilidades, así como el impacto que tus emociones tienen en los que te rodean. Al ser más consciente de ti mismo, puedes responder a situaciones desafiantes con una mayor inteligencia emocional.

La autorregulación emocional es otro aspecto crucial de la inteligencia emocional. Implica gestionar tus emociones e impulsos de una manera que te permita pensar y actuar de una manera equilibrada y constructiva. Practica técnicas como la respiración profunda, la atención plena y la autorreflexión para cultivar la autorregulación emocional y mejorar la eficacia de tu liderazgo.

Ejemplo:

Jennifer, una ejecutiva sénior, demuestra una inteligencia emocional excepcional en su estilo de liderazgo. Ella prioriza la autoconciencia participando regularmente en la autorreflexión y buscando comentarios de su equipo. Jennifer reconoce sus propias emociones y entiende su posible impacto en la toma de decisiones. En situaciones de alta presión, se toma un momento para respirar y reflexionar, permitiéndose responder pensativamente en lugar de reaccionar impulsivamente. Este nivel de autorregulación emocional fomenta un ambiente de compostura y confianza entre los miembros de su equipo.

7.2 Fomentar un entorno de trabajo positivo e inclusivo

Un entorno de trabajo positivo e inclusivo es esencial para el compromiso de los empleados, la colaboración y el éxito general de la organización. Como líder, tienes el poder de crear y nutrir ese entorno a través de tus acciones y comportamientos.

Empieza por demostrar empatía y compasión hacia los miembros de tu equipo. Tómese el tiempo para escuchar activamente y mostrar un interés genuino en su bienestar. Al comprender sus necesidades y preocupaciones, puede generar confianza y establecer conexiones más fuertes. Reconocer sus logros, proporcionar comentarios constructivos y ofrecer apoyo cuando sea necesario. Al crear una sensación de seguridad psicológica, fomentas la comunicación abierta y fomentas la confianza entre los miembros del equipo.

Promueva la diversidad y la inclusión dentro de su organización. Reconocer y valorar las perspectivas y contribuciones únicas de individuos de diferentes orígenes y experiencias. Fomentar la colaboración y crear oportunidades para que se escuchen diversas voces. Adoptar prácticas de liderazgo inclusivas, como buscar opiniones diversas, mitigar los prejuicios y fomentar una cultura de pertenencia.

Ejemplo:

David, un líder de equipo en una startup tecnológica, es conocido por fomentar un entorno de trabajo positivo e inclusivo. Escucha activamente a los miembros de su equipo, asegurándose de que sus opiniones sean escuchadas y respetadas. David fomenta una cultura de colaboración organizando sesiones regulares de lluvia de ideas y actividades de trabajo en equipo. Celebra la diversidad promoviendo equipos multifuncionales, lo que permite a los empleados de diferentes departamentos trabajar juntos y compartir su experiencia. Este enfoque inclusivo crea un sentido de pertenencia y mejora el rendimiento general del equipo.

7.3 Empoderar y desarrollar a otros

Como líder, una de sus principales responsabilidades es empoderar y desarrollar a los miembros de su equipo. Al proporcionarles el apoyo, los recursos y las oportunidades de crecimiento necesarios, usted cultiva una cultura de alto rendimiento y desata todo su potencial.

Delega responsabilidades y empodera a los miembros de tu equipo para que tomen decisiones y se hagan cargo de su trabajo. Proporcionarles expectativas claras, autonomía y las herramientas necesarias para tener éxito. Ofrecer orientación y tutoría, y crear una cultura de aprendizaje y desarrollo continuos.

Reconoce y celebra los logros de los miembros de tu equipo. Proporcionar retroalimentación constructiva y oportunidades de crecimiento, tanto a través de evaluaciones formales de rendimiento como de conversaciones informales de coaching. Anímalos a estirar sus capacidades y asumir nuevos desafíos, fomentando una cultura de innovación y desarrollo personal.

Ejemplo:

Lisa, una gerente de proyectos, sobresale en el empoderamiento y el desarrollo de los miembros de su equipo. Ella delega tareas basadas en las fortalezas e intereses individuales, lo que permite a los miembros del equipo hacerse cargo de su trabajo. Lisa proporciona retroalimentación y apoyo continuos, ayudándoles a identificar áreas de mejora y proporcionando orientación para su desarrollo profesional. También los anima a asistir a talleres y programas de capacitación relevantes para mejorar sus habilidades. Como resultado de los esfuerzos de Lisa, los miembros de su equipo se sienten valorados y empoderados, lo que lleva a mayores niveles de compromiso y productividad.

Liderar con inteligencia emocional es una herramienta poderosa para impulsar el éxito de la organización. Al cultivar la inteligencia emocional como líder, fomentar un entorno de trabajo positivo e inclusivo, y empoderar y desarrollar a los demás, creas una cultura de confianza, colaboración y crecimiento. En el capítulo 8, exploraremos estrategias de comunicación efectivas para involucrar e inspirar a su organización. Prepárate para mejorar tus habilidades de comunicación y motivar a tu equipo hacia objetivos compartidos.

Capítulo 8: Involucrar e inspirar a la organización

En el capítulo 8, exploramos el aspecto crucial de involucrar e inspirar a la organización. Los líderes eficaces entienden que el compromiso no es solo una palabra de moda; es la clave para liberar todo el potencial de los miembros de su equipo e impulsar un rendimiento excepcional. En este capítulo, profundizamos en las estrategias y técnicas que le permitirán comunicarse de manera efectiva, motivar a sus empleados y crear un entorno de trabajo que fomente el compromiso, la colaboración y la innovación.

8.1: Estrategias de comunicación efectivas

El poder de la comunicación: la comunicación es el alma del liderazgo. Discutimos la importancia de la comunicación clara y abierta, la escucha activa y el arte de dar y recibir retroalimentación. A través de ejemplos prácticos y consejos prácticos, le ayudamos a desarrollar las habilidades para comunicarse de manera efectiva y fomentar una cultura de diálogo transparente y constructivo.

Adaptando su mensaje: exploramos la importancia de adaptar su estilo de comunicación a diferentes personas y situaciones. Comprender las diversas perspectivas, necesidades y preferencias de los miembros de su equipo le permite entregar su mensaje con el máximo impacto, asegurando que resuene con cada persona de su organización.

Superar las barreras de la comunicación: abordamos los desafíos comunes de la comunicación, como las barreras lingüísticas, los entornos de trabajo a distancia y las diferencias culturales. Al proporcionar estrategias para superar estos obstáculos, estará equipado para fomentar una comunicación efectiva en todos los niveles de su organización.

8.2: Motivar e involucrar a los empleados

Comprender la motivación: Los empleados motivados son la fuerza impulsora detrás del éxito de la organización. Exploramos varias teorías de motivación y discutimos cómo puede aprovecharlas para inspirar y energizar a su equipo. Al comprender lo que impulsa a las personas, puede adaptar su enfoque de liderazgo y crear un entorno en el que todos se sientan valorados y motivados para rendir al máximo.

Empoderamiento a través de la autonomía: Hacemos hincapié en la importancia de empoderar a sus empleados otorgándoles autonomía y autoridad para la toma de decisiones. Ahondamos en los beneficios de la autonomía, compartimos técnicas prácticas para delegar de manera efectiva y discutimos cómo equilibrar la autonomía con la rendición de cuentas para fomentar una cultura de propiedad y empoderamiento.

Reconocimiento y recompensas: El reconocimiento y las recompensas desempeñan un papel vital en el aumento de la moral y el compromiso de los empleados. Exploramos diferentes métodos para reconocer y apreciar las contribuciones de los miembros de su equipo, incluidos los incentivos monetarios y no monetarios. Al implementar estrategias de reconocimiento efectivas, fomentará un ambiente de trabajo positivo y satisfactorio en el que los empleados se sientan valorados y motivados.

8.3: Celebrando las victorias y reconociendo los logros

La importancia de la celebración: Celebrar las victorias y reconocer los logros no solo aumenta la moral, sino que también refuerza una cultura de éxito y mejora continua. Discutimos la importancia de celebrar los hitos, tanto grandes como pequeños, y proporcionamos ideas y mejores prácticas para crear una cultura de celebración dentro de su equipo.

Creación de programas de reconocimiento significativos: profundizamos en el diseño y la implementación de programas de reconocimiento que van más allá de los gestos superficiales. Exploramos el poder del reconocimiento personalizado, el reconocimiento entre pares y la creación de un sentido de propósito y significado detrás de los esfuerzos de reconocimiento.

Inspirando a través de la visión y el propósito: Por último, enfatizamos la importancia de inspirar a su equipo alineando su trabajo con una visión y un propósito convincentes. Discutimos cómo articular y comunicar una visión convincente que resuene con los valores y aspiraciones de sus empleados, encendiendo su pasión y compromiso para lograr objetivos compartidos.

El capítulo 8 concluye con un recordatorio del papel fundamental que desempeñan la comunicación, la motivación y el reconocimiento efectivos en la participación e inspiración de la organización. Al emplear las estrategias y técnicas descritas en este capítulo, fomentarás una cultura de compromiso, colaboración y alto rendimiento, creando un entorno en el que las personas se sientan inspiradas para dar lo mejor de sí mismas al trabajo todos los días. Con empleados comprometidos y motivados, no solo lograrás resultados notables, sino que también cultivarás un lugar de trabajo donde las personas prosperen y encuentren satisfacción en su trabajo.

Capítulo 9: Superar los desafíos y superar los contratiempos

El liderazgo no está exento de desafíos y contratiempos. En el capítulo 9, profundizamos en el arte de navegar a través de situaciones difíciles, gestionar conflictos, aprender de los fracasos y cultivar la resiliencia y la perseverancia. Al dominar estas habilidades, emergerás como un líder más fuerte y efectivo, capaz de guiar a tu equipo a través de la adversidad y lograr el éxito a largo plazo.

9.1 Lidiar con situaciones difíciles y conflictos

Las situaciones difíciles y los conflictos son inevitables en cualquier papel de liderazgo. La clave es acercarse a ellos con una mentalidad estratégica y empática, buscando la resolución y fomentando la colaboración.

Primero, adopta la comunicación abierta. Crear un espacio seguro donde los miembros del equipo puedan expresar sus preocupaciones, compartir diferentes puntos de vista y participar en un diálogo constructivo. Escuche activamente a todas las partes involucradas y esfuércese por entender sus perspectivas. Al demostrar empatía y promover la comunicación abierta, puedes reducir los conflictos y encontrar soluciones mutuamente beneficiosas.

A continuación, emplear técnicas efectivas de resolución de conflictos. Fomentar el compromiso y encontrar un terreno común entre las partes en conflicto. Mediar y facilitar las discusiones para garantizar que se escuche la voz de todos y que se llegue a una resolución justa. Mantener un enfoque en los objetivos y valores del equipo, teniendo en cuenta el panorama general.

Ejemplo:

John, un líder de equipo en una agencia de marketing, se encuentra con un conflicto entre dos miembros del equipo que tienen opiniones diferentes sobre un proyecto crucial. En lugar de ignorar el conflicto, John inicia una conversación con cada miembro del equipo individualmente para entender sus preocupaciones. Luego los reúne para una discusión colaborativa, guiándolos hacia la búsqueda de un compromiso que se alinee con los objetivos del proyecto. Al fomentar la comunicación abierta y la resolución efectiva de conflictos, John resuelve con éxito el conflicto y restaura la armonía dentro del equipo.

9.2 Aprender de los fracasos y adaptarse al cambio

Los fracasos y los contratiempos son inevitables en cualquier viaje de liderazgo. Sin embargo, la clave del éxito radica en cómo los líderes responden y aprenden de estas experiencias. Acepta los fracasos como oportunidades de crecimiento y desarrollo personal.

En primer lugar, fomenta una cultura de seguridad psicológica dentro de tu equipo. Crear un entorno en el que los errores se vean como oportunidades de aprendizaje, no como fuentes de culpa o juicio. Anime a los miembros del equipo a compartir sus fracasos abiertamente y lidere con el ejemplo compartiendo sus propias experiencias y lecciones aprendidas.

A continuación, practica el pensamiento reflexivo. Analizar los factores que contribuyeron al fracaso e identificar áreas de mejora. Anime a su equipo a hacer lo mismo, facilitando los debates sobre las lecciones aprendidas y las posibles soluciones. Hacer hincapié en la importancia de la mejora continua y la adaptabilidad frente al cambio.

Ejemplo:

Sarah, una gerente de proyecto, se encuentra con un revés en el proyecto debido a circunstancias imprevistas. En lugar de pensar en el fracaso, reúne a su equipo para una sesión de reflexión. Analizan colectivamente los factores que llevaron al revés, identifican áreas de mejora y hacen una lluvia de ideas sobre posibles soluciones. Al fomentar el diálogo abierto y una mentalidad de crecimiento, Sarah transforma el fracaso en una valiosa experiencia de aprendizaje. El equipo emerge más fuerte y más resistente, listo para enfrentar los desafíos futuros.

9.3 Resiliencia y perseverancia en el liderazgo

La resiliencia es la capacidad de recuperarse de la adversidad, los contratiempos y los desafíos. Como líder, es crucial cultivar la resiliencia dentro de ti mismo e inspirarla en los demás.

Construye tu propia resiliencia manteniendo una mentalidad positiva y centrándote en las soluciones en lugar de pensar en los problemas. Adopte una mentalidad de crecimiento, reconociendo que los contratiempos son temporales y se pueden superar con perseverancia. Cuida de tu bienestar físico y mental, ya que son esenciales para mantener la resiliencia en tiempos difíciles.

Además, apoye la resistencia de los miembros de su equipo. Reconocer sus esfuerzos y proporcionar aliento y apoyo durante los períodos difíciles. Fomentar una cultura de trabajo en equipo y colaboración, donde los miembros del equipo puedan apoyarse unos en otros para obtener apoyo y compartir la carga durante los momentos difíciles. Celebra los éxitos y los hitos, aumentando la moral y la motivación.

Ejemplo:

Mark, un CEO de una startup tecnológica, se enfrenta a un revés significativo cuando un inversor importante se retira inesperadamente de una ronda de financiación. A pesar del revés, Mark mantiene una mentalidad positiva y reúne a su equipo. Comparte su visión para el futuro de la empresa, reiterando su propósito colectivo y el valor que aportan a sus clientes. Mark fomenta la comunicación abierta y apoya a los miembros del equipo en la exploración de opciones de financiación alternativas. A través de su resistencia y perseverancia, Mark inspira a su equipo a mantenerse enfocado y motivado, asegurando en última instancia nuevos inversores e impulsando a la empresa hacia adelante.

En el capítulo 9, exploramos la importancia de superar los desafíos y superar los contratiempos como líder. Al lidiar con situaciones difíciles y conflictos, aprender de los fracasos y cultivar la resiliencia y la perseverancia, emergerás como un líder resiliente capaz de guiar a tu equipo a través de la adversidad. En el capítulo final, reflexionamos sobre las lecciones aprendidas de los primeros 50 días de liderazgo y exploramos estrategias para mantener un liderazgo impactante a largo plazo. Prepárate para abrazar el futuro y liderar con un impacto duradero.

Conclusión: Reflexiones sobre los primeros 50 días

A medida que llegamos a la conclusión de nuestra exploración en los primeros 50 días de liderazgo, es esencial tomarnos un momento para reflexionar sobre las profundas ideas obtenidas, el crecimiento transformador experimentado y el impacto significativo realizado. Este período crítico de transición de liderazgo ha sentado las bases para todo su mandato, dando forma a su enfoque y preparando el escenario para el éxito futuro. Al sumergirnos en los principios y estrategias descritos en este libro, nos hemos equipado con las herramientas y la sabiduría necesarias para liderar con un impacto y un cambio positivo sin precedentes dentro de nuestras organizaciones.

A lo largo de este cautivador viaje, nos embarcamos en una exploración multifacética de los componentes clave que contribuyen a una transición de liderazgo exitosa. Nos embarcamos en nuestra búsqueda preparándonos diligentemente para el papel, evaluando meticulosamente el complejo paisaje de nuestras organizaciones, discerniendo los intrincados matices que dan forma a su cultura y operaciones. Este paso fundamental nos permitió trazar nuestro curso y elaborar una visión de liderazgo convincente que encarna el propósito y fomenta la alineación con los objetivos generales de la organización.

Nuestro viaje navegó aún más hacia la importancia de construir y nutrir relaciones con las principales partes interesadas. Al participar en conexiones genuinas y significativas, cultivamos alianzas y asociaciones que forman la base de un liderazgo efectivo. Estas conexiones, basadas en la confianza, la comunicación y la empatía, sirvieron como conductos para la colaboración, la sinergia y el éxito compartido.

La sección I profundizó en el proceso de establecimiento de fundaciones de liderazgo, comenzando con el esfuerzo crítico de causar una fuerte primera impresión. Reconociendo el poder de las primeras impresiones, aprovechamos nuestra presencia, carisma y capacidad para inspirar confianza, marcando la pauta para nuestro mandato de liderazgo. Comunicamos estratégicamente las expectativas, creando una hoja de ruta clara que guió a nuestros equipos hacia objetivos compartidos y facilitó el rendimiento efectivo.

Pero el liderazgo comienza dentro de nosotros mismos. El capítulo 3 iluminó la importancia de liderarse a sí mismo, haciendo hincapié en el papel vital de la autoconciencia en la comprensión de nuestras fortalezas y debilidades. Armados con este conocimiento, cultivamos una mentalidad de liderazgo, perfeccionando nuestra resiliencia y fortaleza para capear cualquier tormenta que se nos presente. Dominamos el arte de la gestión del tiempo y la priorización, equilibrando hábilmente nuestros compromisos y responsabilidades para optimizar la productividad y centrarnos en las tareas más críticas.

Ningún líder está solo; la fuerza de un equipo se encuentra en el corazón de cada empresa exitosa. El capítulo 4 dio a conocer los secretos para construir y alinear equipos, comenzando con una evaluación exhaustiva de la dinámica del equipo existente. Al comprender la composición única, las fortalezas y las áreas de mejora dentro de nuestros equipos, seleccionamos un entorno propicio para el crecimiento, la colaboración y la innovación. Fomentamos una cultura de equipo cohesiva, cultivando la confianza, el respeto y la comunicación abierta, al tiempo que garantizamos la alineación con nuestra visión general de liderazgo.

La sección II nos impulsó al ámbito de impulsar un cambio impactante, comenzando con el arte de crear una estrategia de cambio. Mejoramos nuestras habilidades de diagnóstico, identificando hábilmente la necesidad de cambio y elaborando hojas de ruta integrales para guiar a nuestras organizaciones a través de la transformación. La comunicación efectiva de estas iniciativas de cambio y la aceptación de las partes interesadas se convirtió en nuestra luz guía, inspirando a toda la organización a aceptar el cambio y contribuir activamente a su ejecución exitosa.

El capítulo 6 nos impulsó aún más al ámbito de la ejecución del cambio, perfeccionando nuestro liderazgo de cambio e influyendo en las habilidades para movilizar a la organización. Nos enfrentamos sin miedo a la resistencia y navegamos por los obstáculos que surgieron en el camino, utilizando nuestro ingenio y determinación para transformar los desafíos en oportunidades. Al hacer un seguimiento meticuloso del progreso y ajustar ágilmente nuestro curso, aseguramos el impulso sostenido y el éxito de nuestras iniciativas de cambio.

La sección III nos sumergió en el poder transformador de la inteligencia emocional. El capítulo 7 iluminó la criticidad de cultivar la inteligencia emocional como líder, aprovechando el poder de la empatía, la autorregulación y las habilidades sociales. Fomentamos un entorno de trabajo positivo e inclusivo, fomentando un sentido de pertenencia y seguridad psicológica que desató todo el potencial de nuestros equipos. A través del empoderamiento y el desarrollo de otros, forjaremos una cultura de crecimiento, apoyando el desarrollo continuo de los miembros de nuestro equipo y amplificando sus contribuciones.

El capítulo 8 nos transportó al ámbito de involucrar e inspirar a la organización. Dominamos el arte de la comunicación efectiva, adaptando hábilmente nuestros mensajes para que resuenan con diversas audiencias. Motivamos e involucramos a nuestros empleados, encendiendo su pasión y compromiso con los objetivos compartidos. Celebrar las victorias y reconocer los logros se convirtió en una parte integral de nuestro estilo de liderazgo, alimentando una cultura de celebración y fomentando un sentido de orgullo colectivo.

Finalmente, en el capítulo 9, nos enfrentamos a los inevitables desafíos y contratiempos que acompañan a cada viaje de liderazgo. Ahondamos en el arte de lidiar con situaciones difíciles y conflictos, desactivando hábilmente las tensiones y fomentando resoluciones armoniosas. Abrazando los fracasos como oportunidades invaluables para el crecimiento, aprendimos de nuestros reveses y nos adaptamos al cambio con resiliencia y perseverancia. Estas cualidades nos fortificaron contra la adversidad, asegurando nuestra capacidad de liderar con una determinación y gracia inquebrantables.

Al reflexionar sobre los primeros 50 días de nuestro viaje de liderazgo, estamos asombrados por el increíble crecimiento, la resiliencia y el impacto que hemos logrado. Celebramos los hitos que hemos cruzado, las relaciones que hemos forjado y el cambio positivo que hemos logrado en nuestras organizaciones. Reconocemos las valiosas lecciones aprendidas de los desafíos a los que nos enfrentamos, reconociendo que han servido como catalizadores para nuestro desarrollo personal y profesional.

De cara al futuro, estamos en el precipicio de posibilidades ilimitadas. Nuestro viaje de liderazgo es una odisea perpetua, una eterna búsqueda de la excelencia y la innovación. Abracemos el futuro con una pasión inquebrantable, armados con las lecciones que hemos aprendido y la sabiduría que hemos ganado. Sigamos evolucionando, inspirando y creando un impacto duradero.

Felicitaciones por completar los primeros 50 días de su expedición de liderazgo. Que tu camino esté adornado con un crecimiento continuo, logros transformadores y una resistencia inquebrantable.

Lidera con convicción, empodera a los que te rodean y deja una huella indeleble en el mundo a través de tu impactante liderazgo.

Lecciones aprendidas y conclusiones clave

Los primeros 50 días de liderazgo han sido un viaje transformador, lleno de lecciones profundas e ideas invaluables. Al concluir este libro, profundicemos en las lecciones aprendidas y exploremos las conclusiones clave que darán forma a nuestra actual expedición de liderazgo. Estas lecciones y conclusiones sirven como base de nuestra filosofía de liderazgo, guiando nuestras acciones y decisiones a medida que nos esforzamos por tener un impacto duradero. Aquí, ampliamos cada lección, proporcionando una comprensión más descriptiva y completa de su importancia:

La autoconciencia es la base del liderazgo efectivo: el liderazgo comienza con la autoconciencia. Tomarnos el tiempo para entender nuestras propias fortalezas, debilidades, valores y sesgos nos permite liderar con autenticidad y propósito. Nos permite tomar decisiones conscientes alineadas con nuestros principios básicos y nos empodera para aprovechar nuestras fortalezas mientras buscamos apoyo y crecimiento en áreas que requieren mejora. La autoconciencia también nos ayuda a navegar por situaciones difíciles con gracia e inteligencia emocional.

Construir relaciones es esencial: el liderazgo efectivo prospera en relaciones sólidas. Cultivar conexiones significativas con las principales partes interesadas, los miembros del equipo y los compañeros es esencial para fomentar la confianza, la colaboración y el éxito compartido. Construir relaciones requiere escucha activa, empatía y comunicación abierta. Al invertir tiempo y esfuerzo en comprender las necesidades y aspiraciones de quienes nos rodean, creamos un ecosistema de apoyo que fomenta la colaboración, estimula la innovación y promueve el sentido de pertenencia.

El poder de las primeras impresiones: Los primeros días en un papel de liderazgo son cruciales para establecer credibilidad, establecer expectativas e inspirar confianza. Dar una primera impresión fuerte requiere un enfoque reflexivo. Implica demostrar competencia, claridad de visión y un auténtico estilo de liderazgo. Al articular nuestros objetivos, valores y expectativas, creamos una base sobre la que la confianza puede florecer. Las primeras impresiones sentaron las bases para construir relaciones sólidas y cultivar una cultura de excelencia.

Abraza el cambio y navega de manera efectiva: el cambio es un compañero constante en el viaje de liderazgo. Aceptarlo como una oportunidad de crecimiento e innovación es vital. Los líderes deben comprender la necesidad de cambio, elaborar una estrategia de cambio clara y comunicar de manera efectiva la visión que hay detrás de ella. Al involucrar a las partes interesadas en el proceso, obtener su aceptación y proporcionar apoyo, los líderes pueden navegar por el cambio con éxito. La flexibilidad, la adaptabilidad y la resiliencia son atributos clave que permiten a los líderes abordar los desafíos, superar la resistencia y mantener a la organización avanzando.

Cultivar la inteligencia emocional: La inteligencia emocional, a menudo considerada como la piedra angular del liderazgo efectivo, abarca la autoconciencia, la autorregulación, la empatía y las habilidades sociales. Al desarrollar la inteligencia emocional, los líderes pueden navegar por dinámicas interpersonales complejas, construir relaciones sólidas y fomentar un entorno de trabajo positivo. Los líderes que entienden y gestionan sus emociones pueden inspirar y motivar a sus equipos, tomar decisiones informadas y manejar situaciones difíciles con empatía y gracia.

Lidera con el ejemplo: El liderazgo no se trata solo de lo que decimos, sino de cómo actuamos. Liderar con el ejemplo es una forma poderosa de inspirar e influir en los demás. Cuando los líderes demuestran integridad, autenticidad y compromiso con sus valores, establecen un estándar al que otros aspiran. Al modelar los comportamientos y actitudes que esperan de sus equipos, los líderes crean una cultura de responsabilidad, confianza y alto rendimiento.

La comunicación es clave: la comunicación efectiva se encuentra en el corazón de un liderazgo exitoso. Los líderes deben dominar el arte de la comunicación clara y concisa, adaptando su estilo para resonar con diversas audiencias. Al fomentar el diálogo abierto, escuchar activamente y proporcionar información oportuna y relevante, los líderes crean una cultura de transparencia, colaboración y confianza. La comunicación efectiva garantiza la alineación, minimiza los malentendidos y empodera a los equipos para que trabajen hacia objetivos compartidos.

Fomentar una cultura de empoderamiento y desarrollo: los grandes líderes entienden la importancia de fomentar el crecimiento y el potencial de los miembros de su equipo. Al proporcionar oportunidades de aprendizaje, desarrollo de habilidades y crecimiento profesional, los líderes empoderan a sus equipos para alcanzar su máximo potencial. La delegación de responsabilidades, el fomento de la autonomía y la creación de un entorno que apoye la innovación y la creatividad son esenciales para fomentar una cultura de empoderamiento. Al invertir en el desarrollo de su equipo, los líderes cultivan la lealtad, el compromiso y una fuerza laboral de alto rendimiento.

Perseverar a través de los desafíos: El liderazgo no está exento de su parte de desafíos y contratiempos. Los grandes líderes exhiben resiliencia, perseverancia y una mentalidad de crecimiento cuando se enfrentan a obstáculos. Consideran los fracasos como oportunidades de aprendizaje y responden con agilidad, adaptabilidad y determinación. Al mantener una actitud positiva, mantenerse enfocados en la visión y liderar con resiliencia, los líderes inspiran a sus equipos a superar la adversidad y emerger más fuertes.

Reflexionar y aprender de la experiencia: La reflexión es un componente crítico del crecimiento del liderazgo. Tomarse el tiempo para hacer una pausa, hacer introspección y aprender tanto de los éxitos como de los fracasos permite a los líderes refinar su enfoque, ampliar sus perspectivas y mejorar continuamente. La reflexión permite a los líderes reconocer patrones, identificar áreas de crecimiento y tomar decisiones informadas basadas en experiencias pasadas. Al adoptar una cultura de aprendizaje continuo y autorreflexión, los líderes pueden mantenerse a la vanguardia y superar los desafíos futuros con sabiduría y perspicacia.

Estas lecciones y conclusiones clave encapsulan la esencia de liderar con impacto en los primeros 50 días y más allá. Sirven como principios rectores, dando forma a nuestra mentalidad, comportamientos y acciones a medida que nos embarcamos en nuestro continuo viaje de liderazgo. Al aceptar estas lecciones, adaptarlas a nuestro contexto único y aplicarlas constantemente, podemos cultivar un liderazgo impactante que deja un legado duradero. Llevemos estas lecciones en nuestros corazones y mentes, y que sigan inspirándonos y guiándonos en nuestro camino hacia la creación de un cambio positivo.

Mirando hacia el futuro: mantener un liderazgo impactante

Al reflexionar sobre los primeros 50 días de nuestro viaje de liderazgo, estamos llenos de una sensación de logro y crecimiento. Las bases que hemos puesto, las relaciones que hemos construido y los desafíos que hemos superado nos han posicionado para el éxito a largo plazo. Sin embargo, mantener un liderazgo impactante requiere una búsqueda incesante de crecimiento, aprendizaje y adaptación. Mirando hacia el futuro, exploremos las estrategias y principios clave que nos guiarán para mantener nuestro impacto como líderes, al tiempo que encienden una sensación de emoción y compromiso:

Adoptar una mentalidad de crecimiento: Los líderes que adoptan una mentalidad de crecimiento entienden que sus habilidades y habilidades se pueden desarrollar a través de la dedicación, el esfuerzo y el aprendizaje continuo. Ellos ven los desafíos como oportunidades de crecimiento, los contratiempos como peldaños hacia el éxito y los fracasos como lecciones valiosas. Al adoptar una mentalidad de crecimiento, nos abrimos a nuevas posibilidades, superamos nuestras limitaciones e inspiramos a otros a hacer lo mismo. Recuerda, no se trata de ser perfecto; se trata de la voluntad de aprender, mejorar y evolucionar.

Cultivar una cultura de aprendizaje: Mantener un liderazgo impactante requiere crear una cultura en la que el aprendizaje no solo se aliente, sino que se celebre. Fomentar un entorno en el que se fomente la curiosidad y se recompense la curiosidad intelectual.

Proporcionar recursos, programas de capacitación y oportunidades de tutoría para apoyar el desarrollo continuo. Anime a los miembros de su equipo a explorar nuevas ideas, experimentar con enfoques innovadores y compartir sus conocimientos con los demás. Al hacer del aprendizaje una prioridad, creas una organización dinámica que se adapta rápidamente al cambio y se mantiene por delante de la competencia.

Fomentar la sucesión de liderazgo: Como líderes impactantes, tenemos la responsabilidad de cultivar a la próxima generación de líderes. Identificar y nutrir a las personas de alto potencial dentro de su organización, invertir en su desarrollo y brindarles oportunidades para estirar sus habilidades. Crear programas de tutoría, ofrecer capacitación en liderazgo y delegar responsabilidades para ayudarlos a desarrollar las habilidades y la confianza necesarias para futuros roles de liderazgo. Al preparar activamente a los sucesores, usted garantiza la continuidad de un liderazgo impactante y deja un legado duradero.

Mantente ágil y adaptable: el panorama empresarial está en un estado constante de cambio, y mantener un liderazgo impactante requiere agilidad y adaptabilidad. Manténgase informado sobre las tendencias de la industria, los avances tecnológicos y los cambios en los mercados emergentes. Adopte un enfoque proactivo para el cambio evaluando regularmente la eficacia de sus estrategias y ajustándolas según sea necesario. Fomentar una cultura de innovación, donde se acoban las nuevas ideas y se fomentaran los riesgos calculados. Al mantenerte ágil y adaptable, te posicionas a ti mismo y a tu organización para el éxito continuo en un mundo que cambia rápidamente.

Fomentar la colaboración y el compromiso: Mantener un liderazgo impactante no es un esfuerzo en solitario. Requiere fomentar una cultura de colaboración y compromiso dentro de su organización. Rompe los silos y fomenta la colaboración multifuncional creando oportunidades para que los equipos trabajen juntos en proyectos e iniciativas compartidos. Fomentar un sentido de pertenencia promoviendo la inclusión, la diversidad y el respeto por las diferentes perspectivas. Busque activamente la opinión de los miembros de su equipo, valore sus contribuciones y empoderelos para que tomen decisiones. Al crear un entorno colaborativo y comprometido, aprovechas la inteligencia colectiva y la creatividad de tu equipo, impulsando la innovación y el crecimiento sostenidos.

Liderar con propósito: El liderazgo impulsado por el propósito es un catalizador para un impacto sostenido. Aclare su propósito de liderazgo y asegúrese de que se alinee con los valores y objetivos de su organización. Comunica tu propósito de manera efectiva para inspirar y motivar a los miembros de tu equipo. Deje que sus acciones hablen más fuerte que las palabras demostrando constantemente su compromiso con su propósito a través de sus decisiones y comportamientos. Cuando lideras con propósito, creas un sentido de significado, dirección y unidad que alimenta el éxito a largo plazo de tu organización.

Buscar retroalimentación y fomentar el crecimiento: Mantener un liderazgo impactante requiere la voluntad de buscar retroalimentación y aprovechar las oportunidades de crecimiento. Busque activamente la opinión de los miembros de su equipo, compañeros, mentores y otras partes interesadas. Esté abierto a diferentes perspectivas y utilice la retroalimentación como un trampolín para la autorreflexión y la mejora. Crear un entorno seguro y de apoyo donde se valore y celebre la retroalimentación constructiva. Fomente el aprendizaje y el desarrollo continuos proporcionando recursos, entrenamiento y tutoría para apoyar el crecimiento de usted y de los miembros de su equipo.

Equilibrio de bienestar y rendimiento: Mantener un liderazgo impactante no se trata solo de impulsar el rendimiento; también se trata de cuidar el bienestar de usted y de los miembros de su equipo. Reconocer que el éxito sostenible requiere un equilibrio entre el logro de los objetivos y el mantenimiento del bienestar físico, mental y emocional. Lidera con el ejemplo dando prioridad al autocuidado, estableciendo límites y promoviendo la integración entre el trabajo y la vida personal. Anime a los miembros de su equipo a priorizar su bienestar, proporcionar apoyo cuando sea necesario y crear una cultura que valore el equilibrio entre el trabajo y la vida privada. Cuando las personas están sanas y satisfechas, son más comprometidas, productivas y resistentes, lo que impulsa el éxito sostenido de toda la organización.

Mirando hacia el futuro, nuestro viaje de liderazgo es una aventura llena de infinitas posibilidades, desafíos y oportunidades de crecimiento. Al adoptar una mentalidad de crecimiento, cultivar una cultura de aprendizaje, fomentar la sucesión de liderazgo, mantenernos ágiles y adaptables, fomentar la colaboración y el compromiso, liderar con propósito, buscar retroalimentación y fomentar el crecimiento, y equilibrar el bienestar y el rendimiento, podemos mantener nuestro impacto como líderes y crear un legado que trasciende el tiempo. Emprendamos este viaje con pasión, coraje y un compromiso inquebrantable con la excelencia. El camino por delante puede ser un desafío, pero con nuestros esfuerzos colectivos, podemos dar forma a un futuro más brillante para nosotros mismos, nuestros equipos y nuestras organizaciones.

Sobre el autor

El Sr. Raúl Domínguez es un líder muy respetado y experto en psicología organizacional. Con una Maestría en Psicología Industrial y Organizacional, ha dedicado su carrera a empoderar a las personas y organizaciones para que alcancen su máximo potencial. La amplia experiencia del Sr. Domínguez en el desarrollo del liderazgo, la gestión del cambio y el compromiso de los empleados lo ha convertido en un orador y consultor muy solicitado. Su libro, "Leading with Impact: The First 50 Days", se basa en su experiencia para proporcionar estrategias prácticas y ejemplos del mundo real para líderes aspirantes y actuales. Con una pasión por inspirar a otros y una profunda comprensión de las prácticas de liderazgo efectivas, el Sr. Domínguez continúa teniendo un profundo impacto en las personas y organizaciones de todo el mundo.